BEI GRIN MACHT SICH IHR WISSEN BEZAHLT

- Wir veröffentlichen Ihre Hausarbeit, Bachelor- und Masterarbeit

- Ihr eigenes eBook und Buch - weltweit in allen wichtigen Shops

- Verdienen Sie an jedem Verkauf

Jetzt bei www.GRIN.com hochladen und kostenlos publizieren

GRIN

Olivia Bühlinger

Klanggeschichte Regenbogenfisch. Aufführung mit Kindergartenkindern

GRIN Verlag

Bibliografische Information der Deutschen Nationalbibliothek:

Die Deutsche Bibliothek verzeichnet diese Publikation in der Deutschen Nationa- bibliografie; detaillierte bibliografische Daten sind im Internet über http://dnb.c- nb.de/ abrufbar.

Impressum:

Copyright © 2013 GRIN Verlag, Open Publishing GmbH
Druck und Bindung: Books on Demand GmbH, Norderstedt Germany
ISBN: 978-3-656-57390-6

Dieses Buch bei GRIN:

http://www.grin.com/de/e-book/266930/klanggeschichte-regenbogenfisch-auffueh- rung-mit-kindergartenkindern

GRIN - Your knowledge has value

Der GRIN Verlag publiziert seit 1998 wissenschaftliche Arbeiten von Studenten, Hochschullehrern und anderen Akademikern als eBook und gedrucktes Buch. Die Verlagswebsite www.grin.com ist die ideale Plattform zur Veröffentlichung von Hausarbeiten, Abschlussarbeiten, wissenschaftlichen Aufsätzen, Dissertationen und Fachbüchern.

Besuchen Sie uns im Internet:

http://www.grin.com/

http://www.facebook.com/grincom

http://www.twitter.com/grin_com

Inhaltsverzeichnis

1.0 Situationsanalyse

1.1 Institutionelle Rahmenbedingungen

Der evangelische Kindergarten ist aufgeteilt zum einen in den Bereich der Drei- bis Sechsjährigen und zum anderen in den Bereich der Ein- bis Dreijährigen (Kindergrippe).

Insgesamt besuchen 48 Kinder im Alter von 3-6 Jahren unseren Kindergarten. Es gibt die Mäusle- und die Fröschlegruppe in der sich jeweils 24 Kinder befinden. Außerdem gibt es die Marienkäfergruppe für Kinder unter drei mit vier Kindern.

1.2 Situation der Adressaten

Das Angebot werde ich mit sieben Vorschülern durchführen, die ich in meinem Projekt über den Regenbogenfisch dabei habe.

(Die Beschreibung der Kinder wurde aus rechtlichen Gründen entfernt)

2.0   Sachanalyse

2.1   Informationen zum Thema

Ich werde mit den Kinder eine größtenteils selbstgeschriebene Klanggeschichte zum Bilderbuch „Der Regenbogenfisch" durchführen, da ich während meines Projektes sehr viel kreativ gearbeitet habe und nun den musikalischen Bereich durch Instrumente und Musik abdecken möchte. Weil wir in 2,5 Wochen am Sommerfest den Regenbogenfisch aufführen, ist das Thema „Regenbogenfisch" gerade sehr aktuell.

2.1.1   Hintergrundwissen zum Bilderbuch: Der Regenbogenfisch

(Quelle: Fachliche Stellungnahme)

In der Geschichte geht es um den Regenbogenfisch, der weit draußen im Meer lebt. Er ist der schönste Fisch im ganzen Ozean. Doch immer wenn die anderen Fische mit dem Regenbogenfisch spielen möchten, schwimmt dieser stolz davon.

Eines Tages kommt ein kleiner, blauer Fisch und frägt den Regenbogenfisch, ob er auch eine Glitzerschuppe bekommen könne. Der Regenbogenfisch wird unfreundlich und jagt den Fisch davon. Der kleine blaue Fisch erzählt den anderen Fischen von dem Ereignis mit dem Regenbogenfisch und ab diesem Zeitpunkt möchte kein Fisch mehr etwas mit ihm zu tun haben.

Doch der Regenbogenfisch fühlt sich immer trauriger und fragt den Seestern um Rat, der ihn an den Oktopus verweist. Erst als er den Rat des Tintenfisches befolgt und allen anderen Fische eine seiner vielen Glitzerschuppen schenkt, findet der Regenbogenfisch Freunde und sein Glück.

2.1.2   Hintergrundwissen zu den Instrumenten der Klanggeschichte

Folgende Instrumente möchte ich in der Klanggeschichte verwenden:

Glockenspiel, Holzblocktrommel, Handtommel, Triangel, Zimbeln, Guiro

2.1.3   Hintergrundwissen zur Handhabung dieser Instrumente

Handtrommel: Eine Handtrommel ist eine Trommel, die normalerweise durch das Schlagen einer oder beider bloßer Hände oder eines Schlägels gespielt wird.

[4]

2.1.3.1 Zimbeln: Zimbeln sind kreisrunde gebogene Metallplatten, die aufeinander gespielt werden und dabei einen hohen Ton ergeben.

2.1.3.2 Holzblocktrommel: Die Holzblocktrommel ist ein Perkussionsinstrument (Schlaginstrument). Ein hohler, quaderförmiger Hartholzblock wird hierbei mit einem Holzschlägel geschlagen.

2.1.3.3 Doppel Guiro: Der Guiro oder auch Ratschgurke genannt ist ein hohles Rhythmusinstrument aus Holz. Es wird mit einem Stab gespielt der über die Rillen fährt, woraufhin ein „Ratschen" zu hören ist.

2.1.3.4 Triangel: Die Triangel ist ein Schlaginstrument und besteht aus Stahl. Sie wird mit einem Stab aus Stahl angespielt und wird dabei mit einer dünnen Schlaufe festgehalten.

2.1.3.5 Glockenspiel: Das Glockenspiel ist ein Stabspiel und gehört zu den Metallophonen. Es besteht aus Metallplatten, die mit dazugehörigen Schlägeln angespielt werden.

2.1.4 Warum ich diese Instrumente ausgewählt habe

Ich habe mich für die Instrumente, da sie sehr einfach zu handhaben sind und die Kinder schon Vorkenntnisse darüber besitzen.

Ich habe mich bewusst für sechs Instrumente entschieden, damit jedes Kind in der Klanggeschichte ein Instrument spielen kann.

2.2 Die Klanggeschichte

Die Klanggeschichte habe ich zum Teil aus dem Bilderbuch „Der Regenbogenfisch"
übernommen und noch einige Elemente selbst hinzugefügt.

2.2.1 Kriterien für das Schreiben der Klanggeschichte

➢ Handlung und Inhalt sollten für Kinder vorstellbar sein
➢ Die Geschichte sollte Elemente enthalten, die mit Instrumenten dargestellt
werden können
➢ Handlung und Inhalt sollten für die Kinder leicht verständlich sein
➢ In der Geschichte sollten genügend Tätigkeiten/Elemente vorkommen, um alle
Kinder in der Gruppe zu beteiligen
➢ Die Geschichte sollte altersentsprechend sein
➢ Die Geschichte sollte über kurze, klare Sätze verfügen, die etwas beschreiben
➢ Die Geschichte sollte nicht zu lange sein

2.2.2 Die Geschichte

Weit draußen im Meer lebte ein Fisch. Doch kein gewöhnlicher Fisch, nein. Er war
der allerschönste Fisch im ganzen Ozean.
"Komm, spiel mit uns, Regenbogenfisch!" (ALLE KINDER) sagten die Fische,
doch der Regenbogenfisch schwamm stolz an ihnen vorbei.
Sein Schuppenkleid **schillerte** in allen Regenbogenfarben und die Fische
bewunderten ihn.

Sogar der Krebs kam plötzlich aus seinem Versteck hervor, um die **glitzernden
Schuppen** zu bewundern. Als der Regenbogenfisch vorbei schwamm wollte er ihm
eine Schuppe abzwicken und **klapperte bedrohlich** mit seinen Zangen.

**Der Regenbogenfisch fühlte einen leichten Flossenschlag neben sich: Ein
kleiner blauer Fisch** schwamm den Regenbogenfisch hinterher. Er fragte ihn nach
einer Schuppe doch der Regenbogenfisch schwamm stolz davon.

Traurig **schwamm der kleine blaue Fisch** zu seinen Freunden. Dort erzählte er von seinem Erlebnis mit dem Regenbogenfisch und von nun an wollte keiner mehr etwas mit ihm zu tun haben.

Der Regenbogenfisch wurde einsam und traurig. Plötzlich traf er eine Schnecke. Er sagte: „Schnecke, ich bin so traurig, ich habe keinen einzigen Freund mehr. Niemand bewundert mehr meine schönen Schuppen. Kannst du mir vielleicht helfen?" **Sie kroch aus ihrem Haus** und entgegnete: „Immer wenn ich traurig bin, verkrieche ich mich in meinem Schneckenhaus."
Und Schwupps – verkroch sich die Schnecke wieder.

Als er weiter einsam durch das Meer schwamm, sah er den **Seestern über den Sand kriechen.**
Der Seestern sagte: "In einer Höhle hinter dem Korallenriff wohnt der weise Tintenfisch Oktopus. Vielleicht kann der dir helfen?"

Der Regenbogenfisch fand die Höhle. Finster war es hier! Er konnte kaum etwas sehen. Doch plötzlich leuchteten ihm **zwei Augen** entgegen.
"Ich habe dich erwartet", sagte Oktopus mit tiefer Stimme.
"Die Wellen haben mir deine Geschichte erzählt.
Höre meinen Rat sagte der Oktopus und **sah ihn mit seinen funkelnden Augen an**: Schenke jedem Fische eine deiner Glitzerschuppen. Dann bist du zwar nicht mehr der schönste Fisch im Ozean, aber du wirst wieder fröhlich sein."
"Meine Schuppen verschenken?! Nein. Niemals! Wie könnte ich ohne sie glücklich sein?"

Plötzlich fühlte er wieder einen leichten Flossenschlag neben sich. Der kleine blaue Fisch war wieder da! Kleiner blauer Fisch: "Regenbogenfisch, bitte, sei nicht böse. Gib mir doch bitte eine kleine Glitzerschuppe."

Der Regenbogenfisch zögerte, aber dann gab er ihm eine seiner **schillernden Schuppen.**

Der kleine blaue Fisch schwamm glücklich davon.

Der kleine blaue Fisch flitzte mit seiner Glitzerschuppe durchs Wasser.

„Nanu? Was ist denn da los?", fragte sich der **Krebs und kam aus seinem Versteck hervor** und auch die **Schnecke kam aus ihrem Schneckenhaus.**

Der Regenbogenfisch war von anderen Fischen umringt. Alle wollten eine Glitzerschuppe haben. Der Regenbogenfisch verteilte seine Schuppen links und rechts. Und er wurde dabei immer vergnügter.

Schließlich blieb dem Regenbogenfisch nur noch eine einzige Glitzerschuppe. Alle anderen hatte er verschenkt! Und er war glücklich, glücklich wie nie zuvor!"

„Komm, Regenbogenfisch, komm spiel mit uns!", riefen die anderen. "Ich komme!", rief der Regenbogenfisch und zog fröhlich mit den anderen Fischen davon.

Der **Seestern kroch schnell** über den Sand um die Fische beobachten zu können.

Der Oktopus aber saß weit draußen in seiner Höhle und beobachtete schmunzelnd die Glitzerfische die durch das Wasser zogen.

2.2.3 Elemente die in der Geschichte verklanglicht werden sollen

Regenbogenfisch – Schuppen, die glitzern (Zimbeln 2x)

Kleiner blauer Fisch – schwimmt ihm hinterher mit leichtem Flossenschlag (Handtrommel)

Krebs – klappert mit seinen Zangen (Holzblocktrommel)

Schnecke – verkriecht sich (Glockenspiel)

Seestern – kriecht über den Sand (Guiro)

Oktopus – Augen funkeln (Triangel)

3.0 Didaktische Analyse. Überlegungen zur methodisch-didaktischen Umsetzung

3.1 Motivationsphase des Angebotes

- ➢ Die Instrumente liegen versteckt unter einem Tuch
- ➢ Nacheinander darf jeweils ein Kind ein Instrument hervorholen
  - o Das Kind darf das Instrument benennen und probiert es kurz aus, wobei ich auf die Handhabung achte und gegebenenfalls durch Erfragen und die Handhabung erarbeite
- ➢ Ich werde den Kindern sagen, dass ich ihnen die Geschichte zum Regenbogenfisch in abgeänderter Form vorlesen werde
- ➢ Die Kinder werden sich zum größten Teil an die Geschichte erinnern

3.2 Hauptteil des Angebotes

- ➢ Ich werde die Kinder fragen: „Welche Tiere kommen im Bilderbuch „Der Regenbogenfisch" vor?"
- ➢ Die genannten Tiere kommen als Kärtchen in die Mitte
- ➢ Ich werde die Geschichte vorlesen und gemeinsam ordnen die Kinder die einzelnen Elemente der Geschichte den Instrumenten zu.
- ➢ Die Elemente aus der Geschichte werden auf einer kleinen Karte zu sehen sein, die das jeweilige Kind mit dem Instrument zu sich legen darf.
- ➢ Die Kinder legen die Instrumente und das Kärtchen unter ihren Stuhl.
- ➢ Wenn alle Kinder ein Instrument bekommen haben, lese ich die Geschichte und die Kinder dürfen das jeweilige Element verklanglichen.
- ➢ Je nach Motivation der Kinder werden wir die Instrumente tauschen und die Klanggeschichte noch einmal durchführen.

3.3 Schluss des Angebotes

- ➢ Ich rufe die Kinder einzeln auf und sage „Das Kind mit (den Zimbeln, der Triangel,...) darf das Instrument unter das Tuch legen."
- ➢ Die Instrumente werden unter das Tuch gelegt. Ich werde mich bei den Kindern bedanken und sie loben.
- ➢ Zum Abschluss werde ich eines der Instrumente verdeckt durch das Tuch spielen und die Kinder müssen mir sagen, welches Instrument ich spiele.

[9]

- Ich werde den Kindern einen Überblick über das geben, was in den nächsten paar Wochen bis zum Sommerfest, wo wir die Geschichte des Regenbogenfisches aufführen werden, alles gemacht werden muss.
- Abschließend werde ich die Kinder in das Freispiel gehen lassen.

3.4 Prinzip der Anschaulichkeit

- Die Geschichte vom Regenbogenfisch ist den Kindern bekannt und dient zur Konsolidierung des bereits vorhandenen Wissens der Kinder
- Es gibt verschiedene Instrumente zum Hören/Sehen
- Die Kinder werden nicht nur mit dem Klang, sondern auch mit der Handhabung des Instrumentes vertraut
- Durch das Erfragen meinerseits und das Spielen des Instrumentes, wird die Handhabung des Instrumentes begreifbar gemacht
- Durch die Instrumente wird ein Bezug zum Text hergestellt

3.5 Prinzip der Offenheit und Beteiligung

- Die Kinder dürfen die Sitzordnung selbst entscheiden
- Die Kinder dürfen die Instrumente selbst auswählen
- In der Motivationsphase und der Abschlussphase dürfen die Kinder ihre Meinung/Ideen und Eindrücke vermitteln

3.6 Prinzip des mehrkanaligen Lernens

- Fähigkeiten: Die Kinder sollen einen Bezug zwischen Text und Instrumenten herstellen, sie sollen zuhören (bei der Geschichte) und selbst wissen, wann sie dran sind.
- Die Kinder sollten bei dem Aufräumen der Instrumente wissen, wie ihres heißt
- Wiederholungsmöglichkeiten bzw. Vertiefungsmöglichkeiten durch das Zeigen der Handhabung des Instrumentes am Anfang, das selbstständige Ausprobieren des Instrumentes und evtl. die Erarbeitung der Handhabung
- Vertiefungs- und Wiederholungsmöglichkeiten durch Gespräche während Motivation und Abschluss
- Visuelle, auditive und haptische Wahrnehmung werden in Motivation und Schluss miteinander verknüpft.

- ➢ Eine Woche später werden wir die Klanggeschichte wieder aufgreifen, was als Wiederholungsmöglichkeit und Konsolidierung der Geschichte gilt.

4.0   Lernziele meines Angebotes

In Folgendem werde ich die primären Lernziele meines Angebotes schildern.

4.1   Kognitive Lernziele

> Die Sachkompetenz wird bei der Erarbeitung der richtigen Handhabung der Instrumente angesprochen.

> Der kognitive Bereich wird durch das Begreifen verschiedener Zusammenhänge und Abfolgen abgedeckt. (Wann kommt wer dran/welche Elemente werden verklanglicht/Verbindung von Text und Instrument/...)

> Hohe Konzentration, Aufmerksamkeit und Merkfähigkeit wird gefordert und auch gefördert durch ständig neue Informationen und Aufgaben (während der Motivation, während wir auf die Handhabung der Instrumente eingehen, während des Abschlusses,...).

> Das Wiederholen der Geschichte dient zur Konsolidierung.

> Kinder entwickeln Phantasie, indem sie die Geschichte verklanglichen und entscheiden dürfen welches Instrument zu welchem Element passt

> Wissenserweiterung durch das Kennenlernen von Instrumenten, die möglicherweise neu für die Kinder sind.

4.2   Motorische Lernziele

> Bei dieser Aktivität wird speziell die Feinmotorik der Hände angesprochen, da die Kinder das Instrument spielen.

> Auch die Koordination zwischen Auge-Ohr und Hand wird beim Spielen des Instrumentes gefördert.

> Die haptische Wahrnehmung wird in der Motivationsphase angesprochen, wenn die Kinder unter das Tuch greifen dürfen und ein Instrument rausholen.

4.3 Soziale Lernziele

> Die Rücksichtnahme wird in Motivation/Hauptteil und Schluss gefördert (durch Melden mit Handzeichen, ausreden lassen, warten bis sie dran kommen,...)

> Auch das Teilen oder Tauschen unter den Kindern wird gefordert und gefördert, da die Kinder sich auch mal mit den Instrumenten abwechseln können (bei einer zweiten Runde).

> Förderung der Gruppenzusammengehörigkeit bzw. der Kleingruppe.

4.4 Emotionale Lernziele

> Kinder erleben sich als selbstwirksame Persönlichkeit.

> Durch das Erleben von wiederkehrendem Erfolg wird Selbstvertrauen aufgebaut.

> Die Kinder entwickeln Interesse an den Instrumenten und Freude an der Musik.

> Ein weiteres Ziel ist die Vermittlung eines Erfolgserlebnisses (Selbständigkeit durch das richtige Einsetzen des Instrumentes).

5.0 Bezug zu Rahmenvorgaben mit pädagogischer Begründung zum aktuellen Geschehen

Auszug aus dem Orientierungsplan für Bildung und Erziehung für die baden-württembergischen Kindergärten.

Seitenzahlen: S. 83/84

> Nicht in allen Familien spielen Eltern selbst ein Instrument oder singen regelmäßig. Indessen hat jedes Kind musikalische Talente, deshalb müssen gerade Kindergärten Orte einer Musikerziehung für alle Kinder sein.

> Wenn in den Kindergärten möglichst viel mit Kindern musiziert und gesungen wird, soll der Funke von dort aus zu den Familien überspringen. Es gilt die elementare Freude des Kindes am Hören und Musikmachen aufzugreifen und pädagogisch zu nutzen und sich bewusst zu werden, welche große Bedeutung der Musikerziehung im Kindergarten innewohnt und welche Chance er für die musikalische Tradition von Kindern mit Migrationshintergrund bietet.

> In einem ganzheitlichen Blick und in einem großen Verständnis für die Welt der Kinder gehören hierzu gestisches und mimisches Darstellen, Tanz, Bewegung, (...) und in ganz besonderer Weise auch die Musik. Und zwar Musik in allen kindgerechten Formen des praktischen Umgangs.

5.1 Eigene Überlegungen warum ich dieses Angebot durchführe

Dadurch, dass die Eltern zu Hause immer weniger Zeit haben, werden die Kinder immer seltener mit Instrumenten konfrontiert. Ich habe diese Klanggeschichte ausgewählt, da sie altersentsprechend ist und die Kinder ein sehr großes Interesse an den Musikinstrumenten und Tieren haben. Die Geschichte, die ich ausgewählt habe, wollte ich schon einmal mit den Kindern durchführen. Vor lauter Besprechen und Ausprobieren der Instrumente und wegen des Zeitmangels, kamen wir leider nicht mehr dazu sie zu verklanglichen. Da sich nicht jede Geschichte dazu eignet, habe ich die Textvorlage gründlich analysiert im Hinblick auf die Handlung und den Aufbau. Die Idee der Geschichte habe ich aus einem Buch. Da die Sätze jedoch zu lang und zu wenig Elemente der Geschichte vorhanden waren, habe ich die Geschichte umgeschrieben und eigene Ideen hinzugefügt.

[14]

6.0 Didaktische Analyse

6.1 Sozialformen

Das gesamte Angebot wird im Stuhlkreis stattfinden, da diese Sitzform am sinnvollsten für eine Klanggeschichte ist und sich bis jetzt als die beste bewährt hat. Die Adressaten (7 Kinder) arbeiten gemeinsam im Stuhlkreis. Hierbei soll das Sozialverhalten und das Gewöhnen an Normen und Regeln gefördert werden z.B. beim Strecken.

6.2 Vorbereitungen

6.2.1 Raum und Zeit

> Die Kinder werden im Stuhlkreis sitzen, da diese Form sich am besten für eine Klanggeschichte eignet. (Auf den Tischen könnten die Kinder mit den Instrumenten Krach machen,...)
> Das Angebot wird im Gruppenraum oben stattfinden, da dort während der Freispielzeit der ruhigste Platz ist.
> Eine Sitzordnung wird es keine geben. Ich werde den Kindern sagen, dass sie selbst wählen dürfen wohin sie sitzen, und werde sie ggf. darauf hinweisen, dass ich, wenn es nicht klappt, die Kinder auseinander setzen werde.
> Ich werde das Angebot morgens im Freispiel durchführen, da Bruder Rist um 08.15 Uhr in den Kindergarten kommt und wir um 10.30 Uhr essen. Das Angebot wird ca. um 09.30 Uhr stattfinden.

6.2.2 Vorbereitungen zu Hause und in der Einrichtung

> Kärtchen mit den einzelnen Elementen darauf herstellen
> Ich werde nachsehen, was für Instrumente in der Einrichtung sind und die fehlenden Instrumente ggf. mitbringen.
> Ich werde die Eltern der einzelnen Kinder benachrichtigen und sie darüber in Kenntnis setzen, was ich machen werde und fragen, wann sie ihr Kind in den Kindergarten bringen werden
> Ich werde Tische und Stühle wegschieben bzw. einen Stuhlkreis stellen
> Die Fenster des Raumes werden vor dem Angebot geöffnet
> Instrumente holen und diese unter ein Tuch legen
> Telefon aus dem Raum legen

[15]

6.2.3 Benötigte Materialien

- ➢ 1x Triangel
- ➢ 1x Handtrommel
- ➢ 1x Glockenspiel
- ➢ 1x Zimbeln
- ➢ 1x Holzblocktrommel
- ➢ 1x Rassel
- ➢ Tuch / Kärtchen mit den verschiedenen Elementen für die Instrumente

7.0 Quellen und Literaturangaben

> Orientierungsplan für Bildung und Erziehung für die baden-württembergischen Kindergärten

> Seitenzahlen: S. 83/84

  o Verlag: Cornelsen Verlag Scriptor (Dezember 2005)

  o ISBN-13: 978-3589245154

> Bilderbuch: Der Regenbogenfisch von Marcus Pfister

  o Verlag: Nord Süd-Verlag; Auflage: 7., Aufl. (1996)

  o ISBN-13: 978-3314007330

Zur Handhabung der Instrumente

> Allgemeinbildung

> Internet:

http://de.wikipedia.org/wiki/Triangel

http://de.wikipedia.org/wiki/Guiro

http://de.wikipedia.org/wiki/Holzblocktrommel

http://de.wikipedia.org/wiki/Glockenspiel

http://de.wikipedia.org/wiki/Zimbeln

http://de.wikipedia.org/wiki/Handtrommel

[Stand: 2. Juni 2013, 18.38 – 18:59 Uhr]

.